AF203804

Motschi von Richthofen

(C)OVID und Mut

Gedichte in deutscher Sprache
zum Denken anregen

Verlag und Druck:
tredition GmbH
Halenreie 42
22359 Hamburg
tredition GmbH
1. Auflage 2020

978-3-347-11204-9 (Paperback)
978-3-347-11205-6 (Hardcover)
978-3-347-11206-3 (e-Book)

Nicht durch die Kraft höhlet der Tropfen den Stein, sondern durch häufiges Fallen.

Glücklich ist, wer das, was er liebt, auch wagt, mit Mut zu beschützen.

Ovid

Blick zur nächsten Seite, denn die Medaille hat zwei

Wer die Freiheit aufgibt, um Sicherheit zu gewinnen, der wird am Ende beides verlieren.

Benjamin Franklin

Ideale Freiheit

Es kommt zu einer neuen Weltsicht
Überall bei jeder Schicht,
Hautfarbe ist auch egal
Abgrenzung nur ne Qual

Wir sind offen und aktiv
Wir leben in dem Kollektiv

Es kommt zu einer neuen Gesellschaft
Die ein miteinander schafft
Wo alt und jung leben
Und nach Erfüllung streben

Wir sind tolerant und liberal
Wir sind absolut wertneutral

Es kommt zu einem neuen Verständnis
Einem gegenseitigen Religionsgeständnis
Wo jeder den anderen betrachtet
Und jeden den Glauben achtet

Wir sind vielschichtig und anders
Wir sind alle besonders

Es kommt zu einer neuen Regierung
Eine andere Konzeptionierung
Die politisch vom Volk bestimmt
Das Zepter in die Hand nimmt

Wir sind kreativ und gestalterisch
Wir sind total schöpferisch

Es kommt zu einer neuen Bildungskultur
Eine auf Stärken basierte Struktur
Die Kinder animiert zum Lernen
Und sich gegenseitig anspornen

Wir sind analytisch und unkonventionell
Wir sind empathisch und geben schnell

Es kommt zu einer neuen Epoche
Sie wird immer stärker jede Woche
lässt Angst verschwinden und gibt Mut
und tut den Menschen richtig gut.

Wir sind geschäftig und unverdrossen
Wir sind für alles aufgeschlossen

Es kommt zu einer neuen Historiografie
Ausgelöst durch eine Pandemie
Sie hat die Menschen aufgeweckt
Und viel Neues wurde entdeckt

Wir sind erfinderisch und reich
Wir sind genial und ideenreich

Es kommt zu einem neuen Verstehen
im liebevollen miteinander Umgehen
wo jeder Mensch gleich viel zählt

und selbst entscheidend wählt

Wir sind einzigartige Wesen
Wir können im Herzen lesen

Eine neue Gesellschaft ist im Werden
Wundersam hier auf Erden

Sayonara

Auf auf auf
im Zeitenlauf
Neuen Horizonten entgegen
Die Gegenwart bewegen
Es soll kommen wie es muss
als süßer oder bitterer Genuss
In die Lüfte gezogen
gleiten auf den Lebenswogen.
Auf Wiedersehen, bis bald,
in veränderter Gestalt

Widerstand 2020

Ihr wollt der Wirtschaft schaden
Wir gehen auf die Barrikaden
Wir sind frei und können denken
Und lassen uns nicht sinnlos lenken

Ihr wollt die Angst produzieren
Wir werden Mut kreieren
Wir sind Menschen mit Verstand
Und haben Gerechtigkeit in der Hand

Ihr wollt uns alle impfen
Wir müssen euch schimpfen
Wir können selbst entscheiden
Und unsere Stellung bekleiden

Öffentlich Rechtliche berichten
Unwahre und falsche Nachrichten
Sie sind eindimensional
Und nicht mehr funktional

Was soll man davon halten
Ein sehr Dubioses schalten und walten
Wir leiden unheimliche Qualen
Durch diese falschen Zahlen

Seid ihr wirklich verblendet
Wir hoffen, dass es bald endet
Wacht doch endlich, endlich auf
Und schaut auf den Kurvenverlauf

Seid ihr denn taub und blind
Und wie das Fähnchen im Wind
Die Pandemie die nie eine war
Ist vorbei das ist doch jedem klar

Ihr wollt und wollt so viel
Was ist denn euer Ziel?
Wir sind doch alle gleich
Auf diesem Weltenreich

Wir wollen alle ein normales Leben
Liebe und Freude einander geben
Arbeiten und bewegen
Und Gutes in uns hegen

Nehmt es in Kauf
Es hört jetzt auf

Rede für die Freiheit

Mitbürger! Freunde! Münchner! Hört mich an!
Hochhalten möchte ich die Freiheit und sie preisen.
Was Freiheit Übles tut, das überlebt sie,
Das Gute würde mit ihr begraben werden.
So sei es auch zu dieser Stund! Die edle Merkel
Hat euch gesagt, dass das Volk voller Ignoranz sei
Und wären wir das, so wär's ein schwer Vergehen,
Und schwer haben wir auch schon dafür gebüßt
Wir durften nicht raus, und unsere Liebsten sehen,
wir durften nicht offen miteinander debattieren,
wir durften nicht Freude und Sport haben.
wir wurden eingesperrt
Hier, mit Merkels Unwillen und der andern
- Denn Merkel ist eine ehrenwerte Frau,
Das sind sie alle, alle ehrenwert -,
Komm ich, für die Freiheit hier zu reden.
Sie ist mein Freund, ist mir gerecht und treu;
Doch Merkel sagt, das sie voll Frevel sei,
Und Merkel ist eine ehrenwerte Frau.

Das Grundgesetz hat uns bisher viel gegeben
Und die Schatzkisten unser Freiheit gefüllt.
Ist das ein Frevel, wo das Volk aktiv denkt
Und wir als Volk offen und wissenschaftlich
hinterfragen?
Galileo sagte die Erde kreise um die Sonne,
so sagen wir eine Impfpflicht macht keinen Sinn.
Covid 19 /20/21 und ein Impfen jedes Jahr
Jeder darf hier gerne selbst entscheiden,

Doch Merkel sagt, dass das Volk nicht entscheiden kann,
Und Merkel ist eine ehrenwerte Frau.

Ihr alle seht, dass Covid 19 nur ein kleiner Virus ist
Und nicht wie angedacht die Krankenhäuser füllt
Keine Influenza die über 20000 jedes Jahr dahin rafft
Gott sei Dank und dem Universum auch ein Dank

Sind denn so manche Politiker blind?
Doch Merkel sagt, dass es weiter geht
Und sie ist gewiss eine ehrenwerte Frau.
Ich will, was Merkel sprach, aber widerlegen;
Ich spreche hier von der Realität und was ich weiß.
Ihr alle habt Augen und könnt mit dem Herzen sehen.
Warum folgt ihr der Wahrheit nicht?
O Menschheit, du entflohst zur Angst,
Die Politik ward unvernünftig! - Habt Geduld!
Mein Herz ist hier bei dem Grundgesetz
Und ich kann nicht schweigen, bis die Freiheit wieder lebt.

Covid 19

A new virus was born
Everything seemed war-torn
The media was full of fear
And soon it was totally clear,
That this pandemic invention
Has and had the tension
To revealed the best and worsted of men
And find the one's who can
Finally live and enjoy
To participate in the creative convoy
And on the other side
There is blindness and pride
Which tells the story of insanity
Far away of real humanity
Charly Chaplin's dictatorship
A new unknown angst trip
And the worst of all
In this deep fall
Is the dealing with others
Our own sister and brothers
More and more distance
Just a totally inhuman performance

There are the ones who fear death
With each and every breath
And those who just love their lifetime
Will take the lucky dime

And truth will rise

With every next sunrise
And the GO(O)D will succeed
With incredible speed

This is the real chance for mankind
To stop of being blind
And start to build a worldview
Beautiful and positive NEW

Fake news

Again a fake
In the morning to awake
In the evening discharged as a lie
It had to die

News are everywhere
even truth here and there,
but in the end you never know
In this exclusive reality show

Media trying to manipulate
by opening up their wisdom gate

They know the thoughts of everybody
and some skulls need to be bloody

For real research there is no time
It's more spectacular to reveal a crime
and if there is nothing bad at all
We name him just the sleaze-ball

Twitter'n even better way
To communicate and say
„This is my opinion of the fact
and what it might affect"

We have to draw our own picture
by accumulating each feature
and putting the puzzle together
The reality to untether

Activity

Life much to short,
a continuous change
often a mental sport
ideas to rearrange.

Every second is used
to bedizen it with beauty
negativity will be refused
one of our caring duty

We spur others into action
to create a better being
everything towards affection
as a human being

Carpe diem, every day
a new trace to find
and we pave our way
gentle and kind

The present we design
with positive pictures
sometimes we need to re-align
towards creative features

As we all have the ability
for the good of humanity
let us strife for inventions
and new great intentions

And to posterity
leave positivity
And like the artist
show that we exist.

Absolut sinnbefreit

Wir schreiben eine Zeit
In der ist vieles sinnbefreit

Es gibt einen neuen Hygieneplan
Gebärende haben Masken an
Kinder stehen in Reih und Glied
und singen das Coronalied
Behinderte sind im Knast
und der Regierung eine Last
Künstler sind total egal
und nur noch eine Qual

Wir schreiben eine Zeit
in der ist vieles sinnbefreit

In Läden wird vermummt gegangen
und 1 Meter 50ig sind die Schlangen
Autofahrer fürchten sich so sehr
und atmen schon ganz schwer
Krankenhäuser sind auch abgedreht
Bevor es unters Messer geht
wird der Coronatest gemacht
und hat so manchen umgebracht

Wir schreiben eine Zeit
in der ist vieles sinnbefreit

Vereinsfußball ist ganz öde
mit Distanz voll blöde

Freude wird in diesem Land
der Bevölkerung aberkannt
Die Politiker sind infiziert
vom Virus der nur reduziert
das Hirn regelrecht vernebelt
und den Verstand aushebelt

Wir schreiben eine Zeit
in der ist vieles sinnbefreit

Deutschland hat wohl nichts gelernt
und das Denken leicht verlernt
Das vierte Reich steht vor den Toren
und hat der Vernunft abgeschworen.
Hinterfragen und die Wahrheit suchen
kann man nicht mehr buchen
Das Land ist im Dornröschenschlaf
und so mancher ist ein dummes Schaf

Der Aha-Effekt lässt sich leider Zeit
der ganz ganz viele dann befreit

Fourth Industrial Revolution

Whenever there is one group of man
Who think they know it all
Then we realize it is getting inhuman
And it aims towards a downfall

Who dares to proclaim that his opinions
Is the only unobstructed reality
And even so he got several companions
It still will be an absurdity

Real wealth is not the amount
On the bank account
It is rather the nobleness of the heart
Which is the highest reward

Money is failing the social conscience
Far away of being expedience
Absolutely morally reprehensible
And of course impermissible

We forgive, but will not cease to fight
For freedom and our right
As we all are mindful knights
As we got the green lights,
To show the importance of humanity
By revealing your well-meant vanity

Deutschland im Ausnahmezustand

Heinrich Heine hat mal geschrieben
Und das ist mir im Kopf geblieben
„Wenn ich an Deutschland denke in der Nacht
So bin ich um den Schlaf gebracht"
Genauso geht es mir gerade auch
Ich spüre einen Diktaturhauch
Wo Zeitungen total Staatskonform
Absolut gleich und uniform
Nur noch das Eine schreiben
Und dabei die Wahrheit vertreiben
Sie wollen es auch nicht wagen
Kritisch Dinge zu hinterfragen
Richtiger Journalismus ein Traum
erhängt am Regierungsbaum,
der die Pandemie nützt, um zu führen
Um damit weiter Angst zu schüren.
Die Vernunft
eine vergangene Zunft
Die Gerechtigkeit
da fehlt es weit
Also sprach Zarathustra aus dem Grab
in der Hand den Freiheitsstab
Die Schlafenden müssen aufwachen
Ich will wieder ungezwungen lachen
Miteinander Freude schenken
und sein Leben selbstbestimmt lenken.
Jeder einzelne Politiker in seinem Beruf
Hat die Verantwortung und einen Ruf,
der Denken für seine Bürger heißt

und so den Weg zur Gesellschaft weißt,
doch momentan scheint die Welt
immer noch geblendet durch Geld
die falsche Richtung einzuschlagen
ich kann es kaum noch ertragen
Was für ein Irrsinn
Ohne Gewinn
Geradezu kontraproduktiv
und so exzessiv
und ja es stimmt
nur auf Zerstörung getrimmt
Oh je der Tod kommt zu uns allen
Manchen tut er auch einen Gefallen,
Angst braucht man vor ihm nicht zu haben
denn man kann mit ihm in die Unendlichkeit traben
Die Wirtschaft steht hier auf dem Spiel
Tabula rasa im großen Stiel
Sobald die Mehrheit der Menschen aufwacht
Kommt es erst Mal zu einer Werteschlacht
Und dann zu einem neuen Verstehen
In dem wir mit den Herzen sehen
Und miteinander in Frieden leben
mit einem vernünftigen Streben
eine bessere Welt zu kreieren
und die Liebe zu schüren.

Auf auf let us fight
For this beautiful light

Eine Zeit die anders ist

Was soll ich sagen
hier zu dieser Zeit
ich kann es kaum ertragen
Oh wo ist die Vergangenheit
Mein Herz zerbricht
mein Verstand verrückt
Ins Herz mir sticht
der Gegenwart entrückt
Der Mensch entfernt sich
Weit weg von seiner Natur
Auf der AAAngst Spur
Aber nicht nur

Was gibt es denn noch
zu dieser Zeit 2020
ach ja ein tiefes Loch
und der große Tick
Man mischt sich nirgends ein
lässt so alles über sich ergehen,
lieber ertränkt man sich im Wein
als auf die Straßen zu gehen.
Der Mensch windet sich
denn auch mit der Wut
sogar mit Kämpferblut
haben viele nicht den Mut

Was wird wohl kommen
Wann kommt das Erwachen
Warum sind viele so benommen

Wo ist das unbeschwerte Lachen
Der Wandel kommt gerade
Um die Ecke gelaufen
Er ist auf der Zielgerade
dieser Menschenhaufen
Und Neues wird geboren
hinein in alle Poren
Ignoranz hat verloren

Geschwister Scholl

Flugblätter gegen die Diktatur
Mit dem Nationalsozialismus in Klausur
Zum Tode verurteilt und hingerichtet
haben sie Geschichte wahr gerichtet
und mussten Stellung geziehen
Sie konnten nicht entfliehen
denn ihr Gewissen war wach
und stark nicht schwach
Sie haben sich einer grausamen Welt
mit Mut entgegengestellt

Die Wahrheit wird immer siegen
und ihr historisches Recht kriegen

Selbstbestimmung

Die Gedanken sind frei
wer kann sie erraten
sie fliegen vorbei

Sie ist immer überall
und muss auch leben
als innerer Urknall

Medien müssen sie besingen
und ihr einen Raum geben
und ALLE Lügen bezwingen

Regierungen die sie unterjochen
sind indiskutable Diktaturen
die mit Angst anstelle von Mut kochen

Sie ist es die uns Kraft spendet
und Großes hervorbringt
im Positiven sich vollendet

Wünsche sind mächtig
Gedanken sind prächtig
und erfolgsträchtig

Martin Luther King im Jahr 2020

I have a dream
Where people are without fear

I have a dream
Where people are free

Ich habe einen Traum
In dem wir frei sind und keine Masken tragen

Ich habe einen Traum
In dem wir einander lieben und verstehen

У меня есть мечта
в которой у нас нет границ

У меня есть мечта
в которой мы живем без страха

J'ai un rêve
dans lequel tout le monde est égal et libre

J'ai un rêve
où chaque enfant peut se développer

Tengo un sueño,
todos dominamos la vida con coraje

Tengo un sueño
donde el amor es lo más importante.

I have a dream
and I am human

Ich habe einen Traum
und ich bin ein Menschkind

У меня есть мечта
и у меня есть душа

J'ai un rêve
et j'aime la vie

Tengo un sueño
y tengo un corazon

Neugierde

Wir hinterfragen
gehen Dingen auf den Grund
versuchen Brücken zu schlagen
und sehen vieles bunt

Wir pflücken
das Obst um mehr zu entdecken,
füllen einige unserer Wissenslücken
um uns selbst oft aufzuwecken

Wir durchdringen
Themen mit ungeahnten Weiten
durchleuchten und besingen
all die vielen Wahrheiten

So ist es um uns bestellt
in dieser Welt

Friday for Future

The kid's go on the barricades
and take the school off
and instead using the rollerblades
as they are mostly well off
their parents need to use the car
as it is really really far
at least one mile
here an ironic smile.

The kid's go on the streets
and demonstrate for a better future
in the hands the song sheets
to attend their morning lecture
the idea is for charity's sake
but in the end still a fake
as there is no change in the performance
everything is of no importance

Friday for future - A nice try
And tomorrow we fly

The present we do not change
That is really strange

Recht

Wer hat Recht?
Wo liegt das Recht?
Was ist Recht?

Die Rechtsprechung besagt
Das er schuldig ist
So wurde er gejagt
Der rechtschaffende Humanist

Was ist gut und was ist schlecht?
Und wer nimmt sich das Recht
Zu urteilen und anzuklagen
Wer kann was und wie ertragen

Der rechtsliebende Rechtsorientierte hat rechthaberisch
sein Recht rechtsgültig und rechtens erwirkt
Und dadurch gütiges, mildvolles, menschliches und
liebendes Seelenrecht verwirkt

Covid 19

Every crisis is a chance
Where humanity can dance
And rise their voice for brotherhood
Create a better world for good

Now people gather inside the net
Exchanges virtual hugs and get
Full of love and faith in man
we all do the best we can

Dolphins came back to Venice's canals
And make their own proposals
To design a world for everyone
As we all live under one single sun

The oceans are silent and calm
and sing the appreciation psalm
Global transfer of goods got less
what many creatures bless

Even so borders are closed
Sense of community is composed
We are a species with big ideas
A new mindset just appears

Every crisis has a chance
where visions can dance

and create a cleaner earth
In this awesome univers

Konnektivität

Vernetzung überall
Grenzen haben ihren Fall
Kommunikationstechnologien
Mit neuen Terminologien

Ein neuer Lebensstil
das gewollte Ziel

Der digitale Wandel
im Transferhandel

Kompetenzen neu definiert
ganz ambitioniert

Bevölkerungszuwachs

In den Ländern die nichts können machen
Wo Korrupte sich in Fäustchen lachen
da gibt es Kinder wie am Sand
mit einer bettelnden Hand

Gläubig sind da viele
Und Freizeit sind hier Liebesspiele
So kommen immer mehr zum Leben,
denn Kondome werden nicht gegeben.

So wächst Afrika am meisten
Auch wenn sie nicht viel leisten
So drängen sie nach Europa rein
Wie sollte es auch anders sein.

Indien ist da ebenfalls ganz groß
Da ist ständig viel los
und es werden mehr
im Menschenmeer

Künstliche Intelligenz

Bestimmte Entscheidungsstrukturen
werden nachgebildet
und auf den Algorithmen-Spuren
weiter gemeldet.

Computer sind die Protagonisten
und mechanisieren das menschliche Denken
sie werden zu Autonomisten
und können sich eigenständig lenken.

Es hat viel Positives zu verzeichnen
man kann das Leben einfacher machen
und vieles neu perfekt berechnen
bei allen möglichen wertvollen Sachen

Hawkings hat es ein bisschen düsterer gesehen
und sicherlich gibt es diesen Bereich
autonome Waffen die in den Krieg gehen
sind hier der seelenlose Todesstreich.

Wie doch alles im Sein
im Gewissen ganz rein
sollte jede menschliche Vision
bedacht sein und mit guter Intension.

Atomkrieg

Dieser atomare Krieg
Ist ein kollateraler Sieg

Der Mann er liebt ja seine Waffen
Auch so manche Frauenaffen
Und ist ganz stolz zu spielen und zu zeigen
Wie cool die Töne sind der Zerstörungsgeigen

Der Pilz von Hiroshima ein klasse Bild
Hat den kämpferischen Durst gestillt
Und Aufrüstung ist ja immer noch in
Und der kurzfristige kleine Gewinn

Die Gorillas schlagen sich auf die Brust
Mit Testosteron und viel Lust
Amüsant muss ich hier sagen
Und würd sie zum Kokosnuss Ritter schlagen

Der Friedenskrieg
Der wahre Sieg
Wir sind unter diesem Himmelszelt
Nur eine erdenmäßige Welt

Atomkrieg
Niemals ein Sieg

Silver Society

Wie schön wir haben mehr Zeit
Die Welt zu verändern und zu gestalten
Nicht so wie in der Vergangenheit
ausgeliefert den vielen Naturgewalten.

Wir sind ein Teil der Wirtschaft
und können unser Wissen geben,
wir sind vital und haben Kraft
und können das hier und jetzt beleben.

Zum alten Eisen gehören wir nicht mehr
Sind Jungspunde, die bewegen
Unsere Akkus sind voll und nicht leer
Wir sind's, die neue Standards legen.

Generationsübergreifend sind wir stark
und verändern die Welt zum Positiven
eine neue Epoche im Geschichtspark
bereichernd hin zum Kreativen

Gender Shift

Als Frau kann ich nur sagen,
man(n) das wurde ja endlich Zeit
die lang ersehnte Gerechtigkeit.

Als Mann mit Intellekt ist es leicht zu ertragen,
denn der Austausch ist eine Bereicherung
und für vieles eine absolute Aktivierung

Beide unterschiedlich in ihrem Habitus
Sind gemeinsam unbezwingbar
Das ist jetzt sogar vielen klar

Somit ein unbedingtes Muss
Denn jeder ist und kann
Die Frau und auch der Mann

Neo-Ökologie

Ist mehr als Naturschutz
Nachhaltigkeit haut auf den Putz
Bio wird der neue Standard
und ist die bevorzugte Lebensart

Die Nachfrage nach erneuerbaren Energien
und intelligenter Umwelttechnologien
steigt überall und wird als Chance gesehen
auf dass nachhaltige Geschäfte entstehen.

Das Konsumieren mit gutem Gewissen
Alles andere ist voll beschissen
der Wachstumsmotor im grünen Wandel
das ist der zukünftige Handel

Urbanisierung

In Mesopotamien hat es begonnen
und hatte an Zustrom gewonnen,
da die Euphrat Ebene sehr fruchtbar war
und das die Menschen anzog ist ja klar

Ur war die erste Stadt
da fanden Besiedelungen statt
mit coolen Zikkurat-Bauwerken
konnte man hier netzwerken.

Heutzutage sind die Ballungsräume
Für viele die lang ersehnten Träume
Hier kann man was machen
und richtig Geldmachen.

Für und wider gibt es immer
im Befragungszimmer
so bleibt es Fakt, dass enge Kommunikation
förderlich ist für Ideenassoziation.

KOHEBA-Wertemodell

Der Kopf
Er denkt rational
Niemals emotional
Macht sich seine Planung
Und strategische Taktung
Mit seinem Sachverstand
Hat er alles in der Hand

Das Herz
Es ist emotional
Niemals rational
Es kann erfühlen und erspüren
Und durch Weichheit führen
Es erkennt die Stimmung
Mit seiner zarten Gesinnung

Der Bauch
Er hat ein Ahnen
Und kann erahnen
Durch sein plötzliches Wissen
aus dem Erinnerungskissen
Er ist oft der Entscheider
und Lebensreiter.

Eine gute Kombination, die beste Vision
Aus allen drei, völlig frei

Cloud Computering

Ich schwebe in den Wolken
alles was ich bin und war ist dort
an jenem unbestimmten Ort

Ich bin digital geworden
Alles was ich weiß oder wissen muss
Ist im visuellen Mechanismus

Ich tausche mich aus
alles was ich habe und geben kann
zu jeder Zeit ganz egal auch wann

Ich fliege dahin
es ist mein Gewinn
und hat Sinn

Konzentration des Reichtums

„Non qui parum habet, sed qui plus cupit, pauper est."
Lucius Annaeus Seneca

Da haben wir den Salat
Es Ist echt fad
Ein paar haben Geld ohne Ende
Also goldene Hände
Was ja eigentlich ganz klasse
für die Menschenrasse
Denn sie können Gutes bewirken
und positiv wirken
unterstützen überall wo Not am Mann
und wo man kann.
Doch Reichtum heißt nicht gleich Empathie
das ist die Ironie.
10 Prozent die ein Achtel vom Kuchen haben
und sich daran laben.
Davon sind es auch noch unter 100 Personen
mit mehr Millionen.
So ist es um den materiellen Reichtum bestellt
auf dieser Welt.

Crowdsourcing

Andere haben bessere Ideen
Sind schneller und flexibler

Die Menge der Beschaffung ist unbesehen
vielfältiger und komfortabler

Eine moderne Form der Arbeitsteilung
Macht das Wirtschaften effizient

Die Qualität von Expertenentscheidung
Ausgezeichnet für den Klient

Jeder lässt seine eigenen Wünsche einfließen
hat einen Teil beigetragen

Jeder kann das Produkt dann auch genießen
Und Yeap dazu sagen

Do-It-Yourself (DIY) Movement

Wir alle sind kleine Erfinder
Erwachsene und auch Kinder

Selbstermächtigung der Massen
Überall in jeden Gassen.

Selbstorganisation mit Improvisation,
Eigeninitiative und Revolution

Weg mit den Vorgaben der Massenmedien,
anklingen neuer Melodien.

Ikea oder Baumarkt
ein neuer Markt

Individualität wird ausgelebt
Und das Establishment bebt.

Environmental Awareness

Being aware of harmful building materials,
Wood, stone, brick, copper, and other materials
are excellent choices.

Conserving Energy and Water
Purchases from the area
Recycling everything
Activism is needed

Massenimmigration

Wo kommen sie nur alle her
Nun das wird richtig schwer
Alle hier zu integrieren
Und zu akzeptieren

Alle kann man gar nicht tragen
Und muss nein dazu sagen
Da will das Herz schier zerreißen
Man muss sie rausschmeißen

Wie und was am besten machen
mit diesen heiklen Sachen
Altruismus in uns allen
Egoismus auf den wir prallen

Benehmen

Wie benimmt Mann oder Frau sich richtig
Ist total unwichtig
Was wirklich zählt ist Empathie
Als Lebensphilosophie

Da jedes Land und deren Leute
Im jetzt und hier im heute
Ganz anders tickt und anders sieht
Unterschiedliche Kultur bezieht

So übernehmen
Wir unser Benehmen
Vom Traditionsunternehmen
Heimat wie wir sie wahrnehmen

So ist es total egal, wo wir wann wie sind
Als Fähnchen in Nationalwind
Einfach nur mit Herz und viel Verstand
Ganz gleich in welchem Land

Werte

Bewertung
Verwertung
Entwertung
Umwertung

Grundwerte
Haltungswerte
Erfahrungswerte

Werterhaltung
Wertesysteme
Wertewandel

Unterwertung
Überwertung
Auswertung

Corona – Krise uns Chance

Covid 19 ist gekommen
hat von uns Besitz genommen
die Angst in uns geschürt
und viele nach Hause geführt.

Die Straßen sind wie leergefegt
die Kommunikation ins Netz verlegt
Musiker üben über Skype zusammen
hier sind viele virtuell beisammen.

Der Virus ist der Mediengestalter
der neue Datenbankverwalter
und einige Wirtschaftszweige
spielen nicht mehr die erste Geige.

Ökonomisch ein Desaster sondergleichen
es trifft die Armen und die Reichen
zu vieles steht ganz still
was keiner wirklich will.

Spielplätze sind geschlossen
und die Kinder sind verdrossen
man kann nicht raus und muss zu Hause bleiben
und sich mit seinen Liebsten die Zeit vertreiben.

Ein miteinander im Familienkreis
Ist der positive Herzenspreis
Auf die Seelen mal so richtig hören

denn die Außenwelt kann jetzt nicht stören.

Entschleunigung im großen Stil
das scheint gerade das neue Ziel
in der Ruhe liegt die Kraft,
die oft Unmögliches erschafft.

Die Natur ist auch ganz entzückt
und erholt sich Stück für Stück
Venedig beherbergt keine Massen
so schwimmen Delphine in den Gassen.

Viele haben den Humor auch nicht verloren
und der angstvollen Hysterie abgeschworen,
denn ja leider werden Einzelne sterben
aber wir können dadurch auch viel erwerben.

Es ist immer ne Frage
wie man es sieht,
da jede noch so missliche Lage
warum auch immer sie geschieht
Positives hervorbringen kann
für jederfrau und jedermann.

Bildung

Durch sie begreifen wie Zusammenhänge
und erweitern unsere Denkvorgänge
je höher sie ist desto größer die Fähigkeit
das Menschsein und die Menschlichkeit
übergreifend zu verstehen und zu erkennen
zu entwickeln und beim Namen nennen.
Sie setzt auch Wissbegierde voraus
und hat keine Grenzen und ist nie aus.
Formt die Persönlichkeit Schritt für Schritt
Ein steter und neuer Erkenntnisritt
Das Streben nach dem humboldtschen Ideal
zu sehen was ist ein Gespinst was ist real
Ein Reflektieren zu sich, zu anderen und zur Welt
und wie sich alles kulturell zueinander verhält.
Mit der Motivation begreifen zu wollen
und offen-kritischen Selbstkontrollen
Wir bilden uns weiter und hören nicht auf
In unserem eigenen Entwicklungsablauf

Haltung

Bewahre die Haltung

Nimm Haltung an

Jede Geisteshaltung
hat ihre Entfaltung
und Gestaltung
In der Beibehaltung
der Zurückhaltung
kommt es zur Umgestaltung
der Erwartungshaltung
und einer Unterhaltung
mit der Lebenshaltung

Grundgesetz
(wir schreiben das Jahr 2020)

Jeder hat das Recht auf die freie Entfaltung
Denn jeder hat seine eigene innere Haltung
seiner Persönlichkeit entsprechende gegeben
und soweit er nicht die Rechte anderer Leben
verletzt und gegen das Sittengesetz verstößt
ist er individuell von allem losgelöst.

Die Freiheit der Person ist unantastbar
das ist ja jedem sicherlich völlig klar.
Nur darf auf Grund eines Gesetzes eingegriffen werden
bei Krieg oder einer Pandemie hier auf Erden.

Wieweit der Eingriff geht
und wie lange er besteht
müsste man den Politikern überlassen,
die Ausgangssperren erlassen
und damit den Menschen schaden
Angst und Negation aufladen.

Jeder hat das Recht, seine Meinung in Wort,
Schrift und Bild frei zu äußern an jedem Ort
Youtube, Twitter Facebook ganz egal
Zensur wäre immer illegal.
Auch Kunst, Wissenschaft und Forschung
sind frei und jeder hat seine Meinung

Alle Deutschen haben das Recht in diesem Land,

sich ohne Anmeldung oder Erlaubnis mit Verstand
friedlich und ohne Waffen zu versammeln,
um neue Ideen und Ansichten zu sammeln.

Ein wundervolles Grundgesetz per se
Es wird nur gerade verletzt, das oh je

Vorurteile

Ich sehe dich
Du siehst mich
Ich denke mit meinem Hirn
und du bietest mir deine Stirn
Hey wir sind gleich
Im Menschenreich
und sogar weiter als die Affen
und können es auch schaffen
befreit von unserem vorurteilhaften Denken
unser vielfältiges Dasein offen zu lenken.

Medienlandschaft

Heutzutage kein vergleich
mit Twitter Facebook wurd sie reich
die Öffentlichen sehr eindimensional
und nicht mehr multifunktional.

Hinterfragen ganz wichtig
und auch völlig richtig
denn ohne sich ein Bild zu machen
gibt es kein wahres Erwachen

In der Vielfalt liegt die Kraft
in unserer Medienlandschaft
und nicht nur auf eine Seite blicken
und seine Meinung zu ersticken.

Opfer-Abo

Das Opfer sein
Ist ja recht fein
Man ist ja klein
und kann nur schrein.
Ach komm doch wein
Im Selbstmitleidsschein

Vögel

Wie schön die Vögel vögeln in der Nacht
da bin ich glatt um den Schlaf gebracht
sie sind heiter und munter

Wie schön die Vögel zwitschern im Kopf
Ich schenke ihnen einen Blumentopf
Sie singen ein Konzert

Talente

Eine Begabung hat jeder in sich
Oft sieht er's nich
Oder er nimmt es wahr
Erkennt es als wunderbar
und hat keinen Biss
das große Hindernis
und die, die es sehen und leben
können sich und anderen geben
Wundervolles hervorbringen
und Grandioses singen

Stillstand

Einmal zu Stein erstarren
Einmal die Welt an sich vorbeiziehen lassen
Es ist ein stilles Harren
in den vollen und lärmenden Gassen.

Nein nicht jene festgefahrene Situation
In der man wie angewurzelt steht
Nein nicht in der ausweglosen Stagnation
die manchmal kommt und vergeht.

Sondern jene in der man inne hält
Genau diese die Wachstum bringt
Genau diese die Fragen stellt
und das Lied der Weisheit singt.

Epilog von Herrmann Hesse
Einmal zu Stein erstarren Einmal dauern
Danach ist unsere Sehnsucht ewig rege
Und bleibt doch nur ein banges Schauern
Und wird doch nie zur Rast auf unserem Wege

Der grauenvolle Nachbar

Wir sind in Deutschland
und leben im Bayernland
da zog ich in ein Haus ein
und dachte so ach wie fein
Der Blick vom Wohnraum
war ein richtiger Traum
und so freute ich mich
ganz gutnachbarlich
auch auf die Personen
die im Haus wohnen.
Der eine ein älterer Herr
das gehen fiel im schwer
war immer hilfsbereit
mit viel Menschlichkeit
Mit ihm konnte man lachen
und gute Späße machen.
Doch die andern ein Paar
und es ist wirklich wahr,
die waren so unzufrieden
und völlig abgeschieden,
die waren Denunzianten
echte Mutanten,
die krass aggressiv
unglaublich repressiv
immer nur böses Blut,
wohl ohne Bildungsgut
und mit negativer Kraft
der ganzen Nachbarschaft

gaben, um sich dran zu laben
das war ihr ganzes Haben.
Da will man nur noch weg,
hat ja gar keinen Zweck
sich mit so was zu umgeben
in unserem wertvollen Leben.
Denn Duelle sind leider voll out
und es wird sich auch nicht verhaut.
So heiß es Diplomatie
in unserer Demokratie
und anstatt sie zu verjagen
muss man sie ertragen.

Mentalität

Jetzt bin ich viel gereist
Was nicht viel heißt,
aber eines habe ich verstanden
überall sind Glaubenssätze vorhanden,
die sich unterschiedlich positionieren
und Weltanschauungen kreieren.
Der Habitus und die Gesinnung
mit unterschiedlicher Einstellung
ist von Land zu Land oft so verschieden
da muss man sich von seiner verabschieden,
denn man kann immer neues entdecken
und seine Grenzen abermals abstecken.
Auch der Zeitgeist steht nicht still
denn das ist nicht was er will.

Tohuwabohu

Du liebes Lieschen was für ein Wirrwarr
da ist ja nichts mehr klar
und man sieht vor lauter Bäume keinen Wald
in dieser chaotischen Vielfalt

Alles ist so wüst und leer
Ein heilloses Durcheinander im Erdenmeer

Brückentag

Ich schlage mal wieder eine Brücke
und entzücke
damit das Wochenende

Es ist eben der eine Tag,
den man als Urlaub ganz besonders mag
als verlängertes Wochenende

Zufriedenheit

Mit sich und der Welt im Reinen
Unmut gibt es keinen
Ein sich erfreuen am Sein
Mit einem Gläschen Wein

Mit sich selbst im Frieden
Sich selbst lieben
Ein sich erfreuen am Leben
und Liebe geben

Mit sich und anderen lachen
Freude stets entfachen
Ein sich erfreuen am Jetzt
und alles schätzt

Mitteiler

Ein cooles Wort für Denunzianten
ist in Deutschland neu entstanden
Man gibt dem Grauen einen Namen
als anprangerndes Prädikatsexamen
und schon ist ehrenwertes Treiben
in tausend Scheiben.

Bemerkenswert ich muss schon sagen
und das in diesen Tagen
Das Dritte Reich schon längst vergangen
werden wieder Angriffe begangen
Den Grundrechten gibt man einen Tritt
und teilt ja einfach nur mit.

Stolz kann man auf vieles sein,
nur darauf nicht, ein klares NEIN

Beerdigung eines Vegetariers

Priester Hahn spricht lobende Worte
verweist auf die Himmelspforte
wie er nun dort steht
und ins Totenreich eingeht.
Unter den Trauergästen das Schwein
„Ach er war ja so was von fein"
Auch die Schildkröte und der Kugelfisch
beide absolut rein pazifistisch
lassen nur Gutes über ihn kommen,
so haben sie ihn wahrgenommen.
Der Hirsch brüllte laut
„er war ne gute Haut
hat nicht nur an sich gedacht
sondern viel Gutes gemacht"

Ein Hoch auf dein Leben
und dein achtsame Streben,
niemanden's Tod zu erzwingen
und das Sein zu besingen.

Vaccine 2020

Oh Billy boy oh Billy boy,
money is a tempting toy
Despite all the great charity
the principle of subsidiarity
is most important every day
and respect we have to pay,
depending on the neighborhood
it might be bad or might be good.
Each person is the master of his fate
which he himself has to create.

So let it be everyone's choice
to raise up his own voice,

Gates need to be open all time long
as we know we all belong
to the same kind
longing to find
the remedy for others
all our sisters and brothers
but to force any conclusion
is a contra-productive illusion
and against humanity
and our moral duty

So let it be everyone's choice
to raise up her own voice,

Zölibat

Seit dem Mittelalter
Ein männlicher Gestalter
Den Trieben nicht zu folgen
Um Nächstenliebe zu verfolgen

Jesus gleich
Im Lebensteich
Liebe jedem geben
Im eigenen Erfüllungsstreben

Dem körperlichen Begehren
Sich vollständig erwehren
Und sich im Enthalten
Absolut entfalten

Der Weg zur völligen Keuschheit
Die das innere Sein befreit
Und dem Nächsten dient
Indem man bedient

Ode an die Meinungsfreiheit

Jeder von uns denkt seinen Teil
Der eine glaubt an Gott
Der andere meint ganz flott
Humanismus hat auch seinen Vorteil

Der Eine singt über Erkenntnis
der Andere über Egoismus
jeder hat sein eigenes Verständnis
und seinen Überlebensmechanismus

Jeder sieht mit anderen Augen
welche mit Herz und welche mit Verstand
was auch immer wir aufsaugen
wir haben die Toleranz in der Hand

Heute lernen wir einander zu akzeptieren
so wie jeder von uns ist
um Positives für Menschen zu generieren
in jedem lebt ein Aktivist

Morgen können wir für uns einstehen
und schätzen das Andere wert
wir werden alles mit Liebe versehen
ohne des Damokles Schwert

Jetzt legen wir die Weichen
für die kommenden Generationen
ein Erkennen und Vergleichen
von all unseren unterschiedlichen Missionen

Drum sind wir offen
für alles was da kommen mag
und können nur hoffen
dass jede Sekunde ein sonniger Tag

Inhaltsverzeichnis

Zeitfracht Medien GmbH
Ferdinand-Jühlke-Straße 7
99095 Erfurt, Deutschland
produktsicherheit@kolibri360.de